Goals

My records

DISTANCE	FINISH TIME	PACE	AVG HEARTRATE	PLACE	NOTES

My records

DISTANCE	FINISH TIME	PACE	AVG HEARTRATE	PLACE	NOTES

My Run
- Date _____
- Average heart rate _____
- Average Cadence _____
- Distance _____
- Pace _____
- Resting Heart rate _____

Notes

_____
_____
_____
_____

My Run
- Date _____
- Average heart rate _____
- Average Cadence _____
- Distance _____
- Pace _____
- Resting Heart rate _____

Notes

_____
_____
_____
_____

My Run
○ Date _____ ○ Distance _____
○ Average heart rate _____ ○ Pace _____
○ Average Cadence _____ ○ Resting Heart rate _____

Notes

_____
_____
_____
_____

My Run
○ Date _____ ○ Distance _____
○ Average heart rate _____ ○ Pace _____
○ Average Cadence _____ ○ Resting Heart rate _____

Notes

_____
_____
_____
_____

My Run
- ○ Date _____
- ○ Average heart rate _____
- ○ Average Cadence _____
- ○ Distance _____
- ○ Pace _____
- ○ Resting Heart rate _____

Notes

_____

_____

_____

_____

My Run
- ○ Date _____
- ○ Average heart rate _____
- ○ Average Cadence _____
- ○ Distance _____
- ○ Pace _____
- ○ Resting Heart rate _____

Notes

_____

_____

_____

_____

My Run
- Date _____
- Distance _____
- Average heart rate _____
- Pace _____
- Average Cadence _____
- Resting Heart rate _____

Notes

_____

_____

_____

_____

My Run
- Date _____
- Distance _____
- Average heart rate _____
- Pace _____
- Average Cadence _____
- Resting Heart rate _____

Notes

_____

_____

_____

_____

My Run
○ Date _____ ○ Distance _____
○ Average heart rate _____ ○ Pace _____
○ Average Cadence _____ ○ Resting Heart rate _____

Notes

_____
_____
_____
_____

My Run
○ Date _____ ○ Distance _____
○ Average heart rate _____ ○ Pace _____
○ Average Cadence _____ ○ Resting Heart rate _____

Notes

_____
_____
_____
_____

My Run
- ○ Date _____
- ○ Average heart rate _____
- ○ Average Cadence _____
- ○ Distance _____
- ○ Pace _____
- ○ Resting Heart rate _____

Notes

_____
_____
_____
_____

My Run
- ○ Date _____
- ○ Average heart rate _____
- ○ Average Cadence _____
- ○ Distance _____
- ○ Pace _____
- ○ Resting Heart rate _____

Notes

_____
_____
_____
_____

My Run
- ○ Date _____
- ○ Distance _____
- ○ Average heart rate _____
- ○ Pace _____
- ○ Average Cadence _____
- ○ Resting Heart rate _____

Notes

_____
_____
_____
_____

My Run
- ○ Date _____
- ○ Distance _____
- ○ Average heart rate _____
- ○ Pace _____
- ○ Average Cadence _____
- ○ Resting Heart rate _____

Notes

_____
_____
_____
_____

My Run
○ Date _____ ○ Distance _____
○ Average heart rate _____ ○ Pace _____
○ Average Cadence _____ ○ Resting Heart rate _____

Notes
_____
_____
_____
_____

My Run
○ Date _____ ○ Distance _____
○ Average heart rate _____ ○ Pace _____
○ Average Cadence _____ ○ Resting Heart rate _____

Notes
_____
_____
_____
_____

My Run
- Date _____
- Average heart rate_____
- Average Cadence _____
- Distance_____
- Pace _____
- Resting Heart rate_____

Notes

_____
_____
_____
_____

My Run
- Date _____
- Average heart rate_____
- Average Cadence _____
- Distance_____
- Pace _____
- Resting Heart rate_____

Notes

_____
_____
_____
_____

My Run
- ○ Date _____
- ○ Average heart rate _____
- ○ Average Cadence _____
- ○ Distance _____
- ○ Pace _____
- ○ Resting Heart rate _____

Notes

_____

_____

_____

_____

My Run
- ○ Date _____
- ○ Average heart rate _____
- ○ Average Cadence _____
- ○ Distance _____
- ○ Pace _____
- ○ Resting Heart rate _____

Notes

_____

_____

_____

_____

My Run
○ Date _____ ○ Distance _____
○ Average heart rate _____ ○ Pace _____
○ Average Cadence _____ ○ Resting Heart rate _____

Notes

_____

_____

_____

_____

My Run
○ Date _____ ○ Distance _____
○ Average heart rate _____ ○ Pace _____
○ Average Cadence _____ ○ Resting Heart rate _____

Notes

_____

_____

_____

_____

My Run

○ Date _____ ○ Distance _____
○ Average heart rate _____ ○ Pace _____
○ Average Cadence _____ ○ Resting Heart rate _____

Notes

_____
_____
_____
_____

My Run

○ Date _____ ○ Distance _____
○ Average heart rate _____ ○ Pace _____
○ Average Cadence _____ ○ Resting Heart rate _____

Notes

_____
_____
_____
_____

My Run
○ Date _____ ○ Distance _____
○ Average heart rate _____ ○ Pace _____
○ Average Cadence _____ ○ Resting Heart rate _____

Notes
_____
_____
_____
_____

My Run
○ Date _____ ○ Distance _____
○ Average heart rate _____ ○ Pace _____
○ Average Cadence _____ ○ Resting Heart rate _____

Notes
_____
_____
_____
_____

My Run
- ◯ Date _____ ◯ Distance_____
- ◯ Average heart rate_____ ◯ Pace _____
- ◯ Average Cadence _____ ◯ Resting Heart rate_____

Notes

_____
_____
_____
_____

My Run
- ◯ Date _____ ◯ Distance_____
- ◯ Average heart rate_____ ◯ Pace _____
- ◯ Average Cadence _____ ◯ Resting Heart rate_____

Notes

_____
_____
_____
_____

My Run
- ◯ Date _____
- ◯ Average heart rate _____
- ◯ Average Cadence _____
- ◯ Distance _____
- ◯ Pace _____
- ◯ Resting Heart rate _____

Notes

_____

_____

_____

_____

My Run
- ◯ Date _____
- ◯ Average heart rate _____
- ◯ Average Cadence _____
- ◯ Distance _____
- ◯ Pace _____
- ◯ Resting Heart rate _____

Notes

_____

_____

_____

_____

My Run
- ○ Date _____
- ○ Average heart rate _____
- ○ Average Cadence _____
- ○ Distance _____
- ○ Pace _____
- ○ Resting Heart rate _____

Notes

_____
_____
_____
_____

My Run
- ○ Date _____
- ○ Average heart rate _____
- ○ Average Cadence _____
- ○ Distance _____
- ○ Pace _____
- ○ Resting Heart rate _____

Notes

_____
_____
_____
_____

My Run
○ Date _____ ○ Distance _____
○ Average heart rate _____ ○ Pace _____
○ Average Cadence _____ ○ Resting Heart rate _____

Notes

_____
_____
_____
_____

My Run
○ Date _____ ○ Distance _____
○ Average heart rate _____ ○ Pace _____
○ Average Cadence _____ ○ Resting Heart rate _____

Notes

_____
_____
_____
_____

My Run

○ Date _____ ○ Distance _____
○ Average heart rate _____ ○ Pace _____
○ Average Cadence _____ ○ Resting Heart rate _____

Notes

_____
_____
_____
_____

My Run

○ Date _____ ○ Distance _____
○ Average heart rate _____ ○ Pace _____
○ Average Cadence _____ ○ Resting Heart rate _____

Notes

_____
_____
_____
_____

My Run

- ○ Date _____
- ○ Average heart rate _____
- ○ Average Cadence _____
- ○ Distance _____
- ○ Pace _____
- ○ Resting Heart rate _____

Notes

_____
_____
_____
_____

My Run

- ○ Date _____
- ○ Average heart rate _____
- ○ Average Cadence _____
- ○ Distance _____
- ○ Pace _____
- ○ Resting Heart rate _____

Notes

_____
_____
_____
_____

My Run
- ○ Date _____
- ○ Average heart rate _____
- ○ Average Cadence _____
- ○ Distance _____
- ○ Pace _____
- ○ Resting Heart rate _____

Notes

_____

_____

_____

_____

My Run
- ○ Date _____
- ○ Average heart rate _____
- ○ Average Cadence _____
- ○ Distance _____
- ○ Pace _____
- ○ Resting Heart rate _____

Notes

_____

_____

_____

_____

My Run
○ Date _____ ○ Distance _____
○ Average heart rate _____ ○ Pace _____
○ Average Cadence _____ ○ Resting Heart rate _____

Notes

_____

_____

_____

_____

My Run
○ Date _____ ○ Distance _____
○ Average heart rate _____ ○ Pace _____
○ Average Cadence _____ ○ Resting Heart rate _____

Notes

_____

_____

_____

_____

My Run
○ Date _____ ○ Distance _____
○ Average heart rate _____ ○ Pace _____
○ Average Cadence _____ ○ Resting Heart rate _____

Notes

_____

_____

_____

_____

My Run
○ Date _____ ○ Distance _____
○ Average heart rate _____ ○ Pace _____
○ Average Cadence _____ ○ Resting Heart rate _____

Notes

_____

_____

_____

_____

My Run
- ○ Date _____
- ○ Average heart rate _____
- ○ Average Cadence _____
- ○ Distance _____
- ○ Pace _____
- ○ Resting Heart rate _____

Notes

_____
_____
_____
_____

My Run
- ○ Date _____
- ○ Average heart rate _____
- ○ Average Cadence _____
- ○ Distance _____
- ○ Pace _____
- ○ Resting Heart rate _____

Notes

_____
_____
_____
_____

My Run
○ Date _____ ○ Distance _____
○ Average heart rate _____ ○ Pace _____
○ Average Cadence _____ ○ Resting Heart rate _____

Notes

_____
_____
_____
_____

My Run
○ Date _____ ○ Distance _____
○ Average heart rate _____ ○ Pace _____
○ Average Cadence _____ ○ Resting Heart rate _____

Notes

_____
_____
_____
_____

My Run
○ Date _____ ○ Distance _____
○ Average heart rate _____ ○ Pace _____
○ Average Cadence _____ ○ Resting Heart rate _____

Notes
_____
_____
_____
_____

My Run
○ Date _____ ○ Distance _____
○ Average heart rate _____ ○ Pace _____
○ Average Cadence _____ ○ Resting Heart rate _____

Notes
_____
_____
_____
_____

My Run

○ Date _____ ○ Distance_____
○ Average heart rate_____ ○ Pace _____
○ Average Cadence _____ ○ Resting Heart rate_____

Notes

_____
_____
_____
_____

My Run

○ Date _____ ○ Distance_____
○ Average heart rate_____ ○ Pace _____
○ Average Cadence _____ ○ Resting Heart rate_____

Notes

_____
_____
_____
_____

My Run
○ Date _____ ○ Distance _____
○ Average heart rate _____ ○ Pace _____
○ Average Cadence _____ ○ Resting Heart rate _____

Notes

_____
_____
_____
_____

My Run
○ Date _____ ○ Distance _____
○ Average heart rate _____ ○ Pace _____
○ Average Cadence _____ ○ Resting Heart rate _____

Notes

_____
_____
_____
_____

My Run
- ○ Date _____
- ○ Average heart rate _____
- ○ Average Cadence _____
- ○ Distance _____
- ○ Pace _____
- ○ Resting Heart rate _____

Notes

_____
_____
_____
_____

My Run
- ○ Date _____
- ○ Average heart rate _____
- ○ Average Cadence _____
- ○ Distance _____
- ○ Pace _____
- ○ Resting Heart rate _____

Notes

_____
_____
_____
_____

My Run
○ Date _____ ○ Distance _____
○ Average heart rate _____ ○ Pace _____
○ Average Cadence _____ ○ Resting Heart rate _____

Notes

_____
_____
_____
_____

My Run
○ Date _____ ○ Distance _____
○ Average heart rate _____ ○ Pace _____
○ Average Cadence _____ ○ Resting Heart rate _____

Notes

_____
_____
_____
_____

My Run
○ Date _____ ○ Distance _____
○ Average heart rate _____ ○ Pace _____
○ Average Cadence _____ ○ Resting Heart rate _____

Notes
_____
_____
_____
_____

My Run
○ Date _____ ○ Distance _____
○ Average heart rate _____ ○ Pace _____
○ Average Cadence _____ ○ Resting Heart rate _____

Notes
_____
_____
_____
_____

My Run
- ○ Date _____
- ○ Average heart rate _____
- ○ Average Cadence _____
- ○ Distance _____
- ○ Pace _____
- ○ Resting Heart rate _____

Notes

_____

_____

_____

_____

My Run
- ○ Date _____
- ○ Average heart rate _____
- ○ Average Cadence _____
- ○ Distance _____
- ○ Pace _____
- ○ Resting Heart rate _____

Notes

_____

_____

_____

_____

My Run
○ Date _____ ○ Distance _____
○ Average heart rate _____ ○ Pace _____
○ Average Cadence _____ ○ Resting Heart rate _____

Notes

_____
_____
_____
_____

My Run
○ Date _____ ○ Distance _____
○ Average heart rate _____ ○ Pace _____
○ Average Cadence _____ ○ Resting Heart rate _____

Notes

_____
_____
_____
_____

My Run
○ Date _____ ○ Distance _____
○ Average heart rate _____ ○ Pace _____
○ Average Cadence _____ ○ Resting Heart rate_____

Notes
_____
_____
_____
_____

My Run
○ Date _____ ○ Distance _____
○ Average heart rate _____ ○ Pace _____
○ Average Cadence _____ ○ Resting Heart rate_____

Notes
_____
_____
_____
_____

My Run
- Date _____
- Average heart rate _____
- Average Cadence _____
- Distance _____
- Pace _____
- Resting Heart rate _____

Notes

_____

_____

_____

_____

My Run
- Date _____
- Average heart rate _____
- Average Cadence _____
- Distance _____
- Pace _____
- Resting Heart rate _____

Notes

_____

_____

_____

_____

My Run
○ Date _____ ○ Distance_____
○ Average heart rate_____ ○ Pace _____
○ Average Cadence_____ ○ Resting Heart rate_____

Notes

_____
_____
_____
_____

My Run
○ Date _____ ○ Distance_____
○ Average heart rate_____ ○ Pace _____
○ Average Cadence_____ ○ Resting Heart rate_____

Notes

_____
_____
_____
_____

My Run
- Date _____
- Average heart rate _____
- Average Cadence _____
- Distance _____
- Pace _____
- Resting Heart rate _____

Notes
_____
_____
_____
_____

My Run
- Date _____
- Average heart rate _____
- Average Cadence _____
- Distance _____
- Pace _____
- Resting Heart rate _____

Notes
_____
_____
_____
_____

My Run

○ Date _____ ○ Distance _____
○ Average heart rate _____ ○ Pace _____
○ Average Cadence _____ ○ Resting Heart rate _____

Notes

_____
_____
_____
_____

My Run

○ Date _____ ○ Distance _____
○ Average heart rate _____ ○ Pace _____
○ Average Cadence _____ ○ Resting Heart rate _____

Notes

_____
_____
_____
_____

My Run
- ○ Date _____ ○ Distance _____
- ○ Average heart rate _____ ○ Pace _____
- ○ Average Cadence _____ ○ Resting Heart rate _____

Notes

_____

_____

_____

_____

My Run
- ○ Date _____ ○ Distance _____
- ○ Average heart rate _____ ○ Pace _____
- ○ Average Cadence _____ ○ Resting Heart rate _____

Notes

_____

_____

_____

_____

My Run
- ○ Date _____
- ○ Average heart rate _____
- ○ Average Cadence _____
- ○ Distance _____
- ○ Pace _____
- ○ Resting Heart rate _____

Notes

_____

_____

_____

_____

My Run
- ○ Date _____
- ○ Average heart rate _____
- ○ Average Cadence _____
- ○ Distance _____
- ○ Pace _____
- ○ Resting Heart rate _____

Notes

_____

_____

_____

_____

My Run
- ○ Date _____
- ○ Distance _____
- ○ Average heart rate _____
- ○ Pace _____
- ○ Average Cadence _____
- ○ Resting Heart rate_____

Notes

_____

_____

_____

_____

My Run
- ○ Date _____
- ○ Distance _____
- ○ Average heart rate _____
- ○ Pace _____
- ○ Average Cadence _____
- ○ Resting Heart rate_____

Notes

_____

_____

_____

_____

My Run
○ Date _____ ○ Distance _____
○ Average heart rate _____ ○ Pace _____
○ Average Cadence _____ ○ Resting Heart rate _____

Notes
_____
_____
_____
_____

My Run
○ Date _____ ○ Distance _____
○ Average heart rate _____ ○ Pace _____
○ Average Cadence _____ ○ Resting Heart rate _____

Notes
_____
_____
_____
_____

My Run
- ○ Date _____ ○ Distance _____
- ○ Average heart rate _____ ○ Pace _____
- ○ Average Cadence _____ ○ Resting Heart rate _____

Notes

_____

_____

_____

_____

My Run
- ○ Date _____ ○ Distance _____
- ○ Average heart rate _____ ○ Pace _____
- ○ Average Cadence _____ ○ Resting Heart rate _____

Notes

_____

_____

_____

_____

My Run

- Date _____
- Average heart rate _____
- Average Cadence _____
- Distance _____
- Pace _____
- Resting Heart rate _____

Notes

_____

_____

_____

_____

My Run

- Date _____
- Average heart rate _____
- Average Cadence _____
- Distance _____
- Pace _____
- Resting Heart rate _____

Notes

_____

_____

_____

_____

My Run
- ○ Date _____
- ○ Distance _____
- ○ Average heart rate _____
- ○ Pace _____
- ○ Average Cadence _____
- ○ Resting Heart rate _____

Notes

_____
_____
_____
_____

My Run
- ○ Date _____
- ○ Distance _____
- ○ Average heart rate _____
- ○ Pace _____
- ○ Average Cadence _____
- ○ Resting Heart rate _____

Notes

_____
_____
_____
_____

My Run
○ Date _____ ○ Distance _____
○ Average heart rate _____ ○ Pace _____
○ Average Cadence _____ ○ Resting Heart rate _____

Notes

_____
_____
_____
_____

My Run
○ Date _____ ○ Distance _____
○ Average heart rate _____ ○ Pace _____
○ Average Cadence _____ ○ Resting Heart rate _____

Notes

_____
_____
_____
_____

My Run
- ○ Date _____ ○ Distance _____
- ○ Average heart rate _____ ○ Pace _____
- ○ Average Cadence _____ ○ Resting Heart rate _____

Notes

_____
_____
_____
_____

My Run
- ○ Date _____ ○ Distance _____
- ○ Average heart rate _____ ○ Pace _____
- ○ Average Cadence _____ ○ Resting Heart rate _____

Notes

_____
_____
_____
_____

My Run
- Date _____
- Average heart rate _____
- Average Cadence _____
- Distance _____
- Pace _____
- Resting Heart rate _____

Notes

_____
_____
_____
_____

My Run
- Date _____
- Average heart rate _____
- Average Cadence _____
- Distance _____
- Pace _____
- Resting Heart rate _____

Notes

_____
_____
_____
_____

My Run
○ Date _____ ○ Distance _____
○ Average heart rate _____ ○ Pace _____
○ Average Cadence _____ ○ Resting Heart rate _____

Notes
_____
_____
_____
_____

My Run
○ Date _____ ○ Distance _____
○ Average heart rate _____ ○ Pace _____
○ Average Cadence _____ ○ Resting Heart rate _____

Notes
_____
_____
_____
_____

My Run

○ Date _____ ○ Distance _____
○ Average heart rate _____ ○ Pace _____
○ Average Cadence _____ ○ Resting Heart rate _____

Notes

_____
_____
_____
_____

My Run

○ Date _____ ○ Distance _____
○ Average heart rate _____ ○ Pace _____
○ Average Cadence _____ ○ Resting Heart rate _____

Notes

_____
_____
_____
_____

My Run
○ Date _____ ○ Distance _____
○ Average heart rate _____ ○ Pace _____
○ Average Cadence _____ ○ Resting Heart rate _____

Notes

_____
_____
_____
_____

My Run
○ Date _____ ○ Distance _____
○ Average heart rate _____ ○ Pace _____
○ Average Cadence _____ ○ Resting Heart rate _____

Notes

_____
_____
_____
_____

My Run
○ Date _____ ○ Distance _____
○ Average heart rate _____ ○ Pace _____
○ Average Cadence _____ ○ Resting Heart rate _____

Notes

_____
_____
_____
_____

My Run
○ Date _____ ○ Distance _____
○ Average heart rate _____ ○ Pace _____
○ Average Cadence _____ ○ Resting Heart rate _____

Notes

_____
_____
_____
_____

My Run
- ○ Date _____ ○ Distance _____
- ○ Average heart rate _____ ○ Pace _____
- ○ Average Cadence _____ ○ Resting Heart rate _____

Notes

_____

_____

_____

_____

My Run
- ○ Date _____ ○ Distance _____
- ○ Average heart rate _____ ○ Pace _____
- ○ Average Cadence _____ ○ Resting Heart rate _____

Notes

_____

_____

_____

_____

My Run
○ Date _____ ○ Distance _____
○ Average heart rate _____ ○ Pace _____
○ Average Cadence _____ ○ Resting Heart rate _____

Notes

_____
_____
_____
_____

My Run
○ Date _____ ○ Distance _____
○ Average heart rate _____ ○ Pace _____
○ Average Cadence _____ ○ Resting Heart rate _____

Notes

_____
_____
_____
_____

My Run
○ Date _____ ○ Distance _____
○ Average heart rate _____ ○ Pace _____
○ Average Cadence _____ ○ Resting Heart rate _____

Notes

_____

_____

_____

_____

My Run
○ Date _____ ○ Distance _____
○ Average heart rate _____ ○ Pace _____
○ Average Cadence _____ ○ Resting Heart rate _____

Notes

_____

_____

_____

_____

My Run

○ Date _____ ○ Distance _____
○ Average heart rate _____ ○ Pace _____
○ Average Cadence _____ ○ Resting Heart rate _____

Notes

_____
_____
_____
_____

My Run

○ Date _____ ○ Distance _____
○ Average heart rate _____ ○ Pace _____
○ Average Cadence _____ ○ Resting Heart rate _____

Notes

_____
_____
_____
_____

My Run

- ○ Date _____
- ○ Average heart rate _____
- ○ Average Cadence _____
- ○ Distance _____
- ○ Pace _____
- ○ Resting Heart rate _____

Notes

_____

_____

_____

_____

My Run

- ○ Date _____
- ○ Average heart rate _____
- ○ Average Cadence _____
- ○ Distance _____
- ○ Pace _____
- ○ Resting Heart rate _____

Notes

_____

_____

_____

_____

My Run
○ Date _____ ○ Distance _____
○ Average heart rate _____ ○ Pace _____
○ Average Cadence _____ ○ Resting Heart rate _____

Notes

_____
_____
_____
_____

My Run
○ Date _____ ○ Distance _____
○ Average heart rate _____ ○ Pace _____
○ Average Cadence _____ ○ Resting Heart rate _____

Notes

_____
_____
_____
_____

My Run
- ○ Date _____
- ○ Average heart rate _____
- ○ Average Cadence _____
- ○ Distance _____
- ○ Pace _____
- ○ Resting Heart rate _____

Notes

_____
_____
_____
_____

My Run
- ○ Date _____
- ○ Average heart rate _____
- ○ Average Cadence _____
- ○ Distance _____
- ○ Pace _____
- ○ Resting Heart rate _____

Notes

_____
_____
_____
_____

My Run
- ○ Date _____ ○ Distance _____
- ○ Average heart rate _____ ○ Pace _____
- ○ Average Cadence _____ ○ Resting Heart rate _____

Notes

_____
_____
_____
_____

My Run
- ○ Date _____ ○ Distance _____
- ○ Average heart rate _____ ○ Pace _____
- ○ Average Cadence _____ ○ Resting Heart rate _____

Notes

_____
_____
_____
_____

My Run
○ Date _____ ○ Distance _____
○ Average heart rate _____ ○ Pace _____
○ Average Cadence _____ ○ Resting Heart rate _____

Notes
_____
_____
_____
_____

My Run
○ Date _____ ○ Distance _____
○ Average heart rate _____ ○ Pace _____
○ Average Cadence _____ ○ Resting Heart rate _____

Notes
_____
_____
_____
_____

My Run
○ Date _____ ○ Distance _____
○ Average heart rate _____ ○ Pace _____
○ Average Cadence _____ ○ Resting Heart rate _____

Notes
_____
_____
_____
_____

My Run
○ Date _____ ○ Distance _____
○ Average heart rate _____ ○ Pace _____
○ Average Cadence _____ ○ Resting Heart rate _____

Notes
_____
_____
_____
_____

My Run

○ Date _____ ○ Distance _____
○ Average heart rate _____ ○ Pace _____
○ Average Cadence _____ ○ Resting Heart rate _____

Notes

_____
_____
_____
_____

My Run

○ Date _____ ○ Distance _____
○ Average heart rate _____ ○ Pace _____
○ Average Cadence _____ ○ Resting Heart rate _____

Notes

_____
_____
_____
_____

My Run
○ Date _____ ○ Distance _____
○ Average heart rate _____ ○ Pace _____
○ Average Cadence _____ ○ Resting Heart rate _____

Notes

_____

_____

_____

_____

My Run
○ Date _____ ○ Distance _____
○ Average heart rate _____ ○ Pace _____
○ Average Cadence _____ ○ Resting Heart rate _____

Notes

_____

_____

_____

_____

My Run
- ○ Date _____
- ○ Average heart rate _____
- ○ Average Cadence _____
- ○ Distance _____
- ○ Pace _____
- ○ Resting Heart rate _____

Notes

_____

_____

_____

_____

My Run
- ○ Date _____
- ○ Average heart rate _____
- ○ Average Cadence _____
- ○ Distance _____
- ○ Pace _____
- ○ Resting Heart rate _____

Notes

_____

_____

_____

_____

My Run
- ◯ Date _____ ◯ Distance _____
- ◯ Average heart rate _____ ◯ Pace _____
- ◯ Average Cadence _____ ◯ Resting Heart rate _____

Notes

_____

_____

_____

_____

My Run
- ◯ Date _____ ◯ Distance _____
- ◯ Average heart rate _____ ◯ Pace _____
- ◯ Average Cadence _____ ◯ Resting Heart rate _____

Notes

_____

_____

_____

_____

My Run
○ Date _____ ○ Distance_____
○ Average heart rate_____ ○ Pace _____
○ Average Cadence _____ ○ Resting Heart rate_____

Notes

_____

_____

_____

_____

My Run
○ Date _____ ○ Distance_____
○ Average heart rate_____ ○ Pace _____
○ Average Cadence _____ ○ Resting Heart rate_____

Notes

_____

_____

_____

_____

My Run
○ Date _____ ○ Distance _____
○ Average heart rate _____ ○ Pace _____
○ Average Cadence _____ ○ Resting Heart rate _____

Notes
_____
_____
_____
_____

My Run
○ Date _____ ○ Distance _____
○ Average heart rate _____ ○ Pace _____
○ Average Cadence _____ ○ Resting Heart rate _____

Notes
_____
_____
_____
_____

My Run
- Date _____
- Average heart rate _____
- Average Cadence _____
- Distance _____
- Pace _____
- Resting Heart rate _____

Notes
_____
_____
_____
_____

My Run
- Date _____
- Average heart rate _____
- Average Cadence _____
- Distance _____
- Pace _____
- Resting Heart rate _____

Notes
_____
_____
_____
_____

My Run
○ Date _____ ○ Distance _____
○ Average heart rate _____ ○ Pace _____
○ Average Cadence _____ ○ Resting Heart rate _____

Notes
_____
_____
_____
_____

My Run
○ Date _____ ○ Distance _____
○ Average heart rate _____ ○ Pace _____
○ Average Cadence _____ ○ Resting Heart rate _____

Notes
_____
_____
_____
_____

My Run
- ○ Date _____
- ○ Average heart rate _____
- ○ Average Cadence _____
- ○ Distance _____
- ○ Pace _____
- ○ Resting Heart rate _____

Notes

_____

_____

_____

_____

My Run
- ○ Date _____
- ○ Average heart rate _____
- ○ Average Cadence _____
- ○ Distance _____
- ○ Pace _____
- ○ Resting Heart rate _____

Notes

_____

_____

_____

_____

My Run
○ Date _____ ○ Distance _____
○ Average heart rate _____ ○ Pace _____
○ Average Cadence _____ ○ Resting Heart rate _____

Notes

_____

_____

_____

_____

My Run
○ Date _____ ○ Distance _____
○ Average heart rate _____ ○ Pace _____
○ Average Cadence _____ ○ Resting Heart rate _____

Notes

_____

_____

_____

_____

My Run
- ○ Date _____
- ○ Average heart rate _____
- ○ Average Cadence _____
- ○ Distance _____
- ○ Pace _____
- ○ Resting Heart rate _____

Notes

_____
_____
_____
_____

My Run
- ○ Date _____
- ○ Average heart rate _____
- ○ Average Cadence _____
- ○ Distance _____
- ○ Pace _____
- ○ Resting Heart rate _____

Notes

_____
_____
_____
_____

My Run
○ Date _____ ○ Distance _____
○ Average heart rate _____ ○ Pace _____
○ Average Cadence _____ ○ Resting Heart rate _____

Notes

_____
_____
_____
_____

My Run
○ Date _____ ○ Distance _____
○ Average heart rate _____ ○ Pace _____
○ Average Cadence _____ ○ Resting Heart rate _____

Notes

_____
_____
_____
_____

My Run
○ Date _____ ○ Distance _____
○ Average heart rate _____ ○ Pace _____
○ Average Cadence _____ ○ Resting Heart rate _____

Notes

_____
_____
_____
_____

My Run
○ Date _____ ○ Distance _____
○ Average heart rate _____ ○ Pace _____
○ Average Cadence _____ ○ Resting Heart rate _____

Notes

_____
_____
_____
_____

My Run
○ Date _____ ○ Distance _____
○ Average heart rate _____ ○ Pace _____
○ Average Cadence _____ ○ Resting Heart rate _____

Notes
_____
_____
_____
_____

My Run
○ Date _____ ○ Distance _____
○ Average heart rate _____ ○ Pace _____
○ Average Cadence _____ ○ Resting Heart rate _____

Notes
_____
_____
_____
_____

My Run
- ○ Date _____
- ○ Average heart rate _____
- ○ Average Cadence _____
- ○ Distance _____
- ○ Pace _____
- ○ Resting Heart rate _____

Notes

_____
_____
_____
_____

My Run
- ○ Date _____
- ○ Average heart rate _____
- ○ Average Cadence _____
- ○ Distance _____
- ○ Pace _____
- ○ Resting Heart rate _____

Notes

_____
_____
_____
_____

My Run
○ Date _____ ○ Distance _____
○ Average heart rate _____ ○ Pace _____
○ Average Cadence _____ ○ Resting Heart rate _____

Notes

_____

_____

_____

_____

My Run
○ Date _____ ○ Distance _____
○ Average heart rate _____ ○ Pace _____
○ Average Cadence _____ ○ Resting Heart rate _____

Notes

_____

_____

_____

_____

My Run
○ Date _____ ○ Distance _____
○ Average heart rate _____ ○ Pace _____
○ Average Cadence _____ ○ Resting Heart rate _____

Notes
_____
_____
_____
_____

My Run
○ Date _____ ○ Distance _____
○ Average heart rate _____ ○ Pace _____
○ Average Cadence _____ ○ Resting Heart rate _____

Notes
_____
_____
_____
_____

My Run

○ Date _____ ○ Distance _____
○ Average heart rate _____ ○ Pace _____
○ Average Cadence _____ ○ Resting Heart rate _____

Notes

_____
_____
_____
_____

My Run

○ Date _____ ○ Distance _____
○ Average heart rate _____ ○ Pace _____
○ Average Cadence _____ ○ Resting Heart rate _____

Notes

_____
_____
_____
_____

My Run
○ Date _____ ○ Distance _____
○ Average heart rate _____ ○ Pace _____
○ Average Cadence _____ ○ Resting Heart rate _____

Notes
_____
_____
_____
_____

My Run
○ Date _____ ○ Distance _____
○ Average heart rate _____ ○ Pace _____
○ Average Cadence _____ ○ Resting Heart rate _____

Notes
_____
_____
_____
_____

My Run
○ Date _____ ○ Distance _____
○ Average heart rate _____ ○ Pace _____
○ Average Cadence _____ ○ Resting Heart rate _____

Notes

_____
_____
_____
_____

My Run
○ Date _____ ○ Distance _____
○ Average heart rate _____ ○ Pace _____
○ Average Cadence _____ ○ Resting Heart rate _____

Notes

_____
_____
_____
_____

My Run
- Date _____
- Average heart rate _____
- Average Cadence _____
- Distance _____
- Pace _____
- Resting Heart rate _____

Notes

_____
_____
_____
_____

My Run
- Date _____
- Average heart rate _____
- Average Cadence _____
- Distance _____
- Pace _____
- Resting Heart rate _____

Notes

_____
_____
_____
_____

My Run
○ Date _____ ○ Distance _____
○ Average heart rate _____ ○ Pace _____
○ Average Cadence _____ ○ Resting Heart rate _____

Notes

_____

_____

_____

_____

My Run
○ Date _____ ○ Distance _____
○ Average heart rate _____ ○ Pace _____
○ Average Cadence _____ ○ Resting Heart rate _____

Notes

_____

_____

_____

_____

My Run
○ Date _____ ○ Distance _____
○ Average heart rate _____ ○ Pace _____
○ Average Cadence _____ ○ Resting Heart rate _____

Notes

_____
_____
_____
_____

My Run
○ Date _____ ○ Distance _____
○ Average heart rate _____ ○ Pace _____
○ Average Cadence _____ ○ Resting Heart rate _____

Notes

_____
_____
_____
_____

My Run
○ Date _____ ○ Distance _____
○ Average heart rate _____ ○ Pace _____
○ Average Cadence _____ ○ Resting Heart rate _____

Notes
_____
_____
_____
_____

My Run
○ Date _____ ○ Distance _____
○ Average heart rate _____ ○ Pace _____
○ Average Cadence _____ ○ Resting Heart rate _____

Notes
_____
_____
_____
_____

My Run
- ○ Date _____
- ○ Distance _____
- ○ Average heart rate _____
- ○ Pace _____
- ○ Average Cadence _____
- ○ Resting Heart rate _____

Notes

_____

_____

_____

_____

My Run
- ○ Date _____
- ○ Distance _____
- ○ Average heart rate _____
- ○ Pace _____
- ○ Average Cadence _____
- ○ Resting Heart rate _____

Notes

_____

_____

_____

_____

My Run
- ○ Date _____ ○ Distance _____
- ○ Average heart rate _____ ○ Pace _____
- ○ Average Cadence _____ ○ Resting Heart rate _____

Notes

_____

_____

_____

_____

My Run
- ○ Date _____ ○ Distance _____
- ○ Average heart rate _____ ○ Pace _____
- ○ Average Cadence _____ ○ Resting Heart rate _____

Notes

_____

_____

_____

_____

My Run
○ Date _____ ○ Distance _____
○ Average heart rate _____ ○ Pace _____
○ Average Cadence _____ ○ Resting Heart rate _____

Notes

_____
_____
_____
_____

My Run
○ Date _____ ○ Distance _____
○ Average heart rate _____ ○ Pace _____
○ Average Cadence _____ ○ Resting Heart rate _____

Notes

_____
_____
_____
_____

My Run

- ○ Date _____ ○ Distance _____
- ○ Average heart rate _____ ○ Pace _____
- ○ Average Cadence _____ ○ Resting Heart rate _____

Notes

_____

_____

_____

_____

My Run

- ○ Date _____ ○ Distance _____
- ○ Average heart rate _____ ○ Pace _____
- ○ Average Cadence _____ ○ Resting Heart rate _____

Notes

_____

_____

_____

_____

My Run
- ◯ Date _____
- ◯ Average heart rate _____
- ◯ Average Cadence _____
- ◯ Distance _____
- ◯ Pace _____
- ◯ Resting Heart rate _____

Notes
_____
_____
_____
_____

My Run
- ◯ Date _____
- ◯ Average heart rate _____
- ◯ Average Cadence _____
- ◯ Distance _____
- ◯ Pace _____
- ◯ Resting Heart rate _____

Notes
_____
_____
_____
_____

My Run
- Date _____
- Distance _____
- Average heart rate _____
- Pace _____
- Average Cadence _____
- Resting Heart rate _____

Notes

_____

_____

_____

_____

My Run
- Date _____
- Distance _____
- Average heart rate _____
- Pace _____
- Average Cadence _____
- Resting Heart rate _____

Notes

_____

_____

_____

_____

My Run
○ Date _____ ○ Distance _____
○ Average heart rate _____ ○ Pace _____
○ Average Cadence _____ ○ Resting Heart rate _____

Notes

_____
_____
_____
_____

My Run
○ Date _____ ○ Distance _____
○ Average heart rate _____ ○ Pace _____
○ Average Cadence _____ ○ Resting Heart rate _____

Notes

_____
_____
_____
_____

My Run
○ Date _____ ○ Distance _____
○ Average heart rate _____ ○ Pace _____
○ Average Cadence _____ ○ Resting Heart rate _____

Notes

_____
_____
_____
_____

My Run
○ Date _____ ○ Distance _____
○ Average heart rate _____ ○ Pace _____
○ Average Cadence _____ ○ Resting Heart rate _____

Notes

_____
_____
_____
_____

My Run
- ○ Date _____
- ○ Average heart rate _____
- ○ Average Cadence _____
- ○ Distance _____
- ○ Pace _____
- ○ Resting Heart rate _____

Notes

_____

_____

_____

_____

My Run
- ○ Date _____
- ○ Average heart rate _____
- ○ Average Cadence _____
- ○ Distance _____
- ○ Pace _____
- ○ Resting Heart rate _____

Notes

_____

_____

_____

_____

My Run
○ Date _____ ○ Distance _____
○ Average heart rate _____ ○ Pace _____
○ Average Cadence _____ ○ Resting Heart rate _____

Notes

_____
_____
_____
_____

My Run
○ Date _____ ○ Distance _____
○ Average heart rate _____ ○ Pace _____
○ Average Cadence _____ ○ Resting Heart rate _____

Notes

_____
_____
_____
_____

My Run

- ○ Date _____ ○ Distance _____
- ○ Average heart rate _____ ○ Pace _____
- ○ Average Cadence _____ ○ Resting Heart rate _____

Notes

_____
_____
_____
_____

My Run

- ○ Date _____ ○ Distance _____
- ○ Average heart rate _____ ○ Pace _____
- ○ Average Cadence _____ ○ Resting Heart rate _____

Notes

_____
_____
_____
_____

My Run
○ Date _____ ○ Distance _____
○ Average heart rate _____ ○ Pace _____
○ Average Cadence _____ ○ Resting Heart rate _____

Notes
_____
_____
_____
_____

My Run
○ Date _____ ○ Distance _____
○ Average heart rate _____ ○ Pace _____
○ Average Cadence _____ ○ Resting Heart rate _____

Notes
_____
_____
_____
_____

My Run

- ○ Date _____
- ○ Average heart rate _____
- ○ Average Cadence _____
- ○ Distance _____
- ○ Pace _____
- ○ Resting Heart rate _____

Notes

_____
_____
_____
_____

My Run

- ○ Date _____
- ○ Average heart rate _____
- ○ Average Cadence _____
- ○ Distance _____
- ○ Pace _____
- ○ Resting Heart rate _____

Notes

_____
_____
_____
_____

My Run
○ Date _____ ○ Distance _____
○ Average heart rate _____ ○ Pace _____
○ Average Cadence _____ ○ Resting Heart rate _____

Notes

_____

_____

_____

_____

My Run
○ Date _____ ○ Distance _____
○ Average heart rate _____ ○ Pace _____
○ Average Cadence _____ ○ Resting Heart rate _____

Notes

_____

_____

_____

_____

My race registrations

DATE	TIME	LOCATION	DISTANCE	NOTES

My race registrations

DATE	TIME	LOCATION	DISTANCE	NOTES

My races

DISTANCE	FINISH TIME	PACE	AVG HEARTRATE	PLACE	NOTES

My races

DISTANCE	FINISH TIME	PACE	AVG HEARTRATE	PLACE	NOTES

My races

DISTANCE	FINISH TIME	PACE	AVG HEARTRATE	PLACE	NOTES

My races

DISTANCE	FINISH TIME	PACE	AVG HEARTRATE	PLACE	NOTES

Printed in Dunstable, United Kingdom